- En cadeau -

LA VERSION AUDIO DU LIVRE

COMMENT ÇA MARCHE ?

1

Téléchargez l'app
Quelle Histoire

2

Déverrouillez
votre livre

3

Écoutez
votre histoire

Disponible sur App Store

DISPONIBLE SUR Google Play

Application compatible toutes tablettes et smartphones
à partir de iOS 8 et Android 4.4.

- Collection -
THÉMATIQUES

Complétez votre collection sur

www.quellehistoire.com

- *Collection* -

PERSONNAGES

Complétez votre collection sur

www.quellehistoire.com

Quelle Histoire

Édition et conception : Quelle Histoire SAS. 22, Villa de Lourcine 75014 Paris
Illustrations : Bruno Wennagel, Mathieu Ferret, Guillaume Biasse, Mathilde Tuffin
Textes : Clémentine V. Baron

Siège social : 22, Villa de Lourcine 75014 Paris

www.quellehistoire.com
contact@quellehistoire.fr

Fabriqué par Labelfab / Imprimé en France par Stin Imprimerie - Toulouse

Dépôt légal janvier 2019

Loi n°49-956 du 16 juillet 1949 sur les publications destinées à la jeunesse

PEFC 10-31-2841

FABRIQUÉ EN FRANCE

LE MYSTÈRE DE LA GRANDE PYRAMIDE

Merveille de l'Égypte antique

C'est quoi une pyramide ?

Les pyramides d'Égypte sont sans doute les édifices les plus fascinants de l'histoire de l'architecture... Les premières ont été bâties il y a plus de 4000 ans, tu te rends compte ? Elles sont les tombeaux des rois, des reines et des nobles. Auparavant, les tombes de ces personnages éminents étaient des mastabas : des édifices rectangulaires en briques. La première pyramide connue est celle du pharaon Djéser, mais il s'agit en fait d'une superposition de six mastabas qui forme un escalier géant ! Par la suite, des centaines de pyramides ont été construites en Égypte et au Soudan voisin.

Vers 2620 av. J.-C.

Les pyramides de Gizeh

Les pyramides les plus célèbres sont celles de Gizeh, situées près du Caire, la capitale d'Égypte. Elles sont gardées par le Sphinx, cette étrange créature mi-homme, mi-lion. À l'époque, se trouvait ici un ensemble de temples et de monuments funéraires, mais tous ces bâtiments n'ont pas survécu au passage du temps. Seules restent les trois majestueuses pyramides, dont la plus haute, celle de Khéops, était considérée par les Grecs comme l'une des Sept Merveilles du monde ! Malgré son grand âge, elle est loin d'avoir livré tous ses secrets, tu vas voir...

Vers 2500 av. J.-C.

La brillante

Vers 2500 av. J.-C., le pharaon Khéops, connu pour être un tyran cruel, rêve de bâtir une pyramide si haute qu'elle toucherait le ciel ! Avec l'aide de son vizir Hémiounou, il fait édifier l'une des premières pyramides à faces lisses. Le somptueux monument, que l'on surnomme « Akouit » (« la brillante »), est recouvert d'un revêtement blanc éblouissant sous les rayons du soleil... Il mesure 146 m de haut et 233 m de côté. Pour le construire, il a fallu hisser – probablement grâce à une rampe de pierre – plus de 2 millions de blocs de calcaire pesant chacun près de 2 tonnes, tu imagines ?

Vers 2500 av. J.-C.

D'étonnantes théories

Encore aujourd'hui, personne ne sait vraiment comment les Égyptiens ont pu ériger un monument aussi imposant avec les techniques de l'époque... Ses proportions trop parfaites interrogent aussi les chercheurs et les archéologues. Les théories pseudo-scientifiques les plus farfelues circulent. Pour certains, la grande pyramide est un vestige d'une civilisation encore plus ancienne et bien plus évoluée que les Égyptiens. D'autres y voient non pas le tombeau de Khéops, mais un poste d'observation astronomique ou même une centrale énergétique. Enfin, les plus audacieux n'hésitent pas à affirmer qu'elle serait l'œuvre des extraterrestres !

Depuis 2500 av. J.-C.

Le début d'une réponse ?

En réalité, on commence à percer petit à petit le mystère de la pyramide de Khéops. On sait depuis peu d'où viennent les pierres ayant servi à sa construction grâce à un papyrus écrit de la main de Merer, l'un des chefs du chantier. Il y raconte que les blocs de calcaire ou de granite viennent des carrières de Tourah et d'Assouan, au sud du pays, et sont acheminés par bateau le long du Nil, puis jusqu'au plateau de Gizeh grâce à un ingénieux système de digues et de canaux artificiels qui détourne l'eau du fleuve !

Vers 2500 av. J.-C.

Un chantier trop rapide ?

On estime que le chantier de la grande pyramide a duré une vingtaine d'années. Pour tenir ce rythme, un bloc est posé toutes les deux minutes ! Incroyable, non ? Mais n'oublie pas que des milliers d'ouvriers s'y affairent. Contrairement à ce que l'on pourrait penser, ce ne sont pas des esclaves, mais des hommes libres et bien traités. Ils vivent dans un village juste à côté et travaillent surtout pendant les mois où le Nil est en crue : quand les champs sont inondés, il est impossible de s'occuper de la terre, alors tout le monde est disponible !

Vers 2500 av. J.-C.

Les outils et techniques utilisés

Les ouvriers égyptiens sont très bien équipés. Ils utilisent des ciseaux de maçon, des pierres à polir, des maillets, des scies et différents outils de mesure tels que la nivelette – composée de deux pieux de bois reliés par une cordelette – et même des règles et des équerres semblables en tout point aux nôtres ! L'unité de mesure utilisée dans l'Égypte antique est la coudée (la distance entre la main et le coude, soit environ 50 cm). Essaye de mesurer ta chambre avec ton bras, c'est tout simple !

Qui a été le premier visiteur ?

Au début du IXe siècle, le calife abbasside Al Ma'mûn s'intéresse aux vestiges des pharaons d'Égypte. La porte de la pyramide de Khéops étant scellée, il ordonne à ses hommes de percer un trou dans la face nord (c'est toujours par là que l'on entre aujourd'hui). À l'intérieur, de longs couloirs débouchent sur trois chambres dont une est restée inachevée. Tu sais, aucune autre pyramide ne contient autant de couloirs, de cavités et de puits que celle de Khéops... Ce labyrinthe est-il le résultat de changements de plans pendant la construction ou vise-t-il à perdre les éventuels pilleurs ?

Vers 832

À la recherche de la momie royale

Le calife est le premier de tous les visiteurs qui, génération après génération, s'extasient devant la grande galerie et les vastes salles appelées « chambre du roi » et « chambre de la reine », même si au fond rien ne prouve que le pharaon ou son épouse y aient été enterrés. Pas même ce sarcophage ouvert et vide découvert dans la plus grande des chambres : ce dernier est trop grand pour passer la porte, il aurait donc été installé avant la fin de la construction du bâtiment et bien avant la mort de Khéops !

A-t-il jamais servi ? La momie a-t-elle été volée ?

IXe - XXIe siècle

La science au service de la vérité

La grande pyramide fascine et interroge depuis des millénaires. Les recherches les plus poussées n’ont permis de répondre qu'à une partie des questions qu’elle soulève ! En 2015, des scientifiques du monde entier se sont réunis autour de la mission ScanPyramids et ont utilisé de nouvelles technologies pour « scanner » l’intérieur de l’édifice. Sur leurs écrans d’ordinateur est alors apparu un grand vide d’environ 30 m de long ! Cette énorme cavité secrète fait rêver les archéologues… Qui sait, elle abrite peut-être la momie disparue du pharaon et ses trésors ?

Encore un mystère à résoudre !

2015

5100 av. J.-C.

Vers 5000 av. J.-C.
Premières habitations sur les bords du Nil.

Vers 4000 av. J.-C.
Création progressive des royaumes de Haute et Basse Égypte.

Vers 3100 av. J.-C.
Unification de l'Égypte par le légendaire roi Ménès.

Vers 2780 av. J.-C.
Début de l'Ancien Empire.

Vers 2620 av. J.-C.
Première pyramide : Djéser fait bâtir la pyramide à degrés à Saqqarah.

Vers 2500 av. J.-C.
La pyramide de Khéops : c'est la plus haute pyramide de Gizeh.

Vers 2500 av. J.-C.
Le Sphinx : il est taillé à Gizeh dans un seul bloc de pierre.

Vers 202
av. J.-C.
Début du
Moyen Emp

ers 1550 av. J.-C.
Début du vel Empire.

Vers 1490 av. J.-C.
Thoutmôsis Ier est le premier pharaon à installer sa tombe dans la Vallée des Rois.

Vers 730 av. J.-C.
Début de la Basse Époque.

30 av. J.-C.
L'Égypte devient une province romaine.

Vers 832
Le calife Al Ma'mûn entre dans la pyramide de Khéops.

2013
Découverte du papyrus de Merer.

2015
Mission ScanPyramids.

2020

?

Dans ce livre sont représentées des dates suivies du petit texte « av. J.-C. », cela signifie que les dates où se déroulent les événements sont « avant Jésus-Christ », c'est-à-dire avant la naissance de Jésus-Christ qui représente l'année 1 du calendrier tel que nous le connaissons aujourd'hui. Ce calendrier s'appelle le calendrier grégorien.

L'intérieur de la pyramide de Khéops
4
2
5
5
1
3
6

Légende de

LA CARTE

1 La grande galerie

Ce couloir voûté qui mène aux chambres est immense. D'une hauteur de plus de 8 m et d'une longueur d'environ 50 m, il est impressionnant ! Aujourd'hui, la galerie est encore en très bon état.

2 La chambre du roi

On la surnomme ainsi car un sarcophage (ouvert et vide) y a été retrouvé. Mais rien ne prouve que Khéops ait jamais reposé dans cette cavité de 10 m de long et 6 m de haut, couverte de granite rouge.

3 La chambre de la reine

Plus petite, cette cavité a été surnommée « chambre de la reine » par les explorateurs arabes. Carrée, elle mesure environ 5 m de côté. Son plafond était peint en bleu pour évoquer le ciel étoilé.

4 Les chambres de décharge

Au-dessus de la chambre du roi, il y a une superposition de plusieurs cavités. Ces « chambres de décharge » servent à répartir le poids des pierres pour éviter que le plafond ne s'écroule !

5 Les conduits d'aération

D'étroits boyaux relient les chambres à l'extérieur de la pyramide. On dirait des conduits d'aération. Très perplexes, les historiens supposent que leur fonction est purement symbolique.

6 La chambre souterraine

Généralement, les chambres funéraires sont situées en dessous du niveau du sol. Dans la pyramide de Khéops aussi une grande cavité de plus de 100 m² a été creusée avant d'être abandonnée.

Les portraits

Djéser

(règne vers 2690-2620 av. J.-C.)
Pharaon de la IIIe dynastie, Djéser (ou Djoser) demande à son architecte Imhotep de lui construire un tombeau à la hauteur de sa puissance. La toute première pyramide ressemble à un immense escalier de pierre.

Khéops

(règne vers 2550-2527 av. J.-C.)
Fils de Snéfrou, un autre grand bâtisseur de pyramides, Khéops veut surpasser son père et bâtir la plus belle et la plus haute de toutes les pyramides ! La momie de ce pharaon, que l'on dit cruel, n'a jamais été retrouvée…

Hémiounou

(dates inconnues)

On a peu d'informations sur Hémiounou, vizir de Khéops et architecte présumé de la grande pyramide. En revanche, on sait à quoi il ressemblait, grâce à une statue très réaliste retrouvée dans sa tombe.

Al Ma'mûn

(786-833)

Si son règne est contesté pour diverses raisons, le calife abbasside est cependant un grand mécène. Plus qu'une banale chasse au trésor du pharaon, sa curiosité pour la pyramide est sincère.

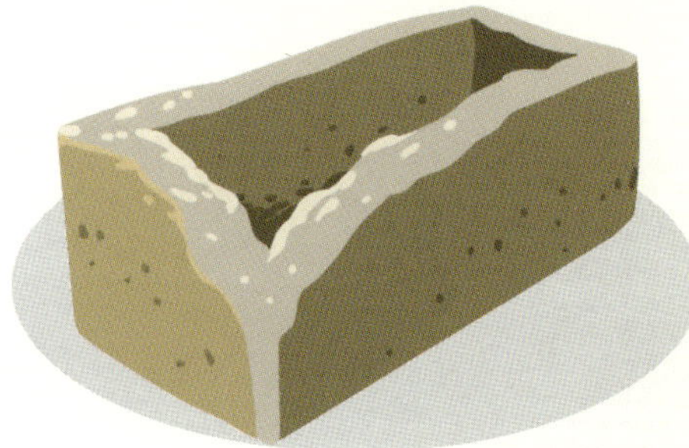

Le papyrus de Merer

En 2013, des archéologues ont retrouvé ce très vieux papyrus dans lequel un fonctionnaire appelé Merer décrit le chargement du calcaire depuis les carrières de Tourah jusqu'au chantier. Désormais on sait d'où viennent les pierres de la pyramide !

Le sarcophage de Khéops

Dans la chambre du roi, au bout de la grande galerie, se trouve un lourd sarcophage de granite. Il est en mauvais état, sûrement malmené au cours du temps. Est-ce celui de Khéops ? On l'ignore, et la momie qu'il contenait peut-être a disparu.

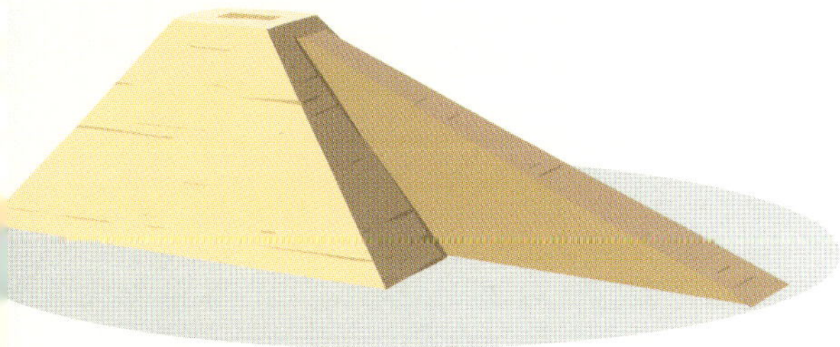

La rampe

Pour hisser les blocs de pierre jusqu'au sommet de la pyramide, les Égyptiens ont très probablement construit une grande rampe. Était-elle droite, coudée ou en colimaçon à l'intérieur de la pyramide ? Encore un mystère !

Le polissoir

Une fois taillés, les blocs de granite ou de calcaire sont longuement polis à l'aide de cette petite pierre tendre. Enfin, quand leur surface est parfaitement lisse, ils peuvent être assemblés pour former les pyramides. Pas besoin de ciment !

Le Jeu des

7 ERREURS

Trouve les 7 différences entre l'image de gauche et l'image de droite.

Solution : les oiseaux, le verre, le bracelet, le rideau, les cheveux, le nuage, la couronne.

Le Jeu du

LABYRINTHE

Aide l'architecte à trouver le chemin de son plan.

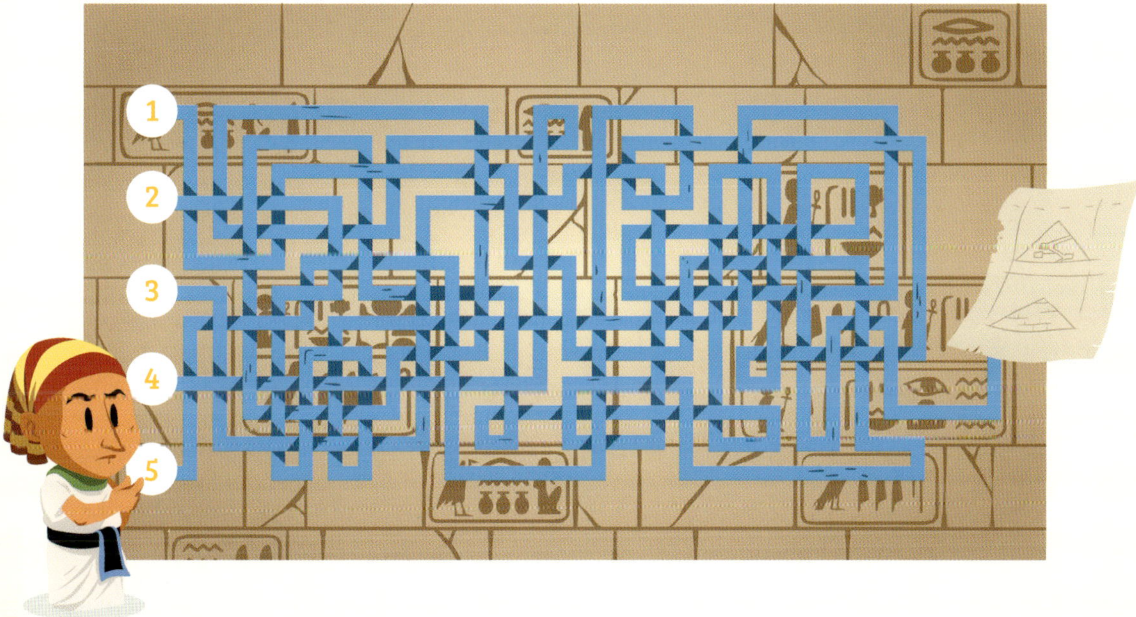

Solution : le bon chemin est le numéro 2.

Le Jeu des OMBRES

Retrouve la bonne ombre de Khéops.

Bonne réponse : l'ombre a.

Le Jeu du QUIZ

1. Quelle créature de pierre garde les pyramides à Gizeh ?

   a. Le Sphinx
   b. Le Centaure
   c. La Chimère
   d. L'Hydre

2. Que signifie « Akouit », le surnom de la grande pyramide ?

   a. La flamboyante
   b. La scintillante
   c. La brillante
   d. L'étincelante

3. Quel calife est le premier à être entré dans la pyramide ?

   a. Al-Mustain
   b. Al-Qahir
   c. Al-Wathiq
   d. Al Ma'mûn

Bonnes réponses : 1.a / 2.c / 3.d

- Collection -
BEAUX-LIVRES

Complétez votre collection sur

www.quellehistoire.com

- Collection -
ENCYCLOPÉDIES

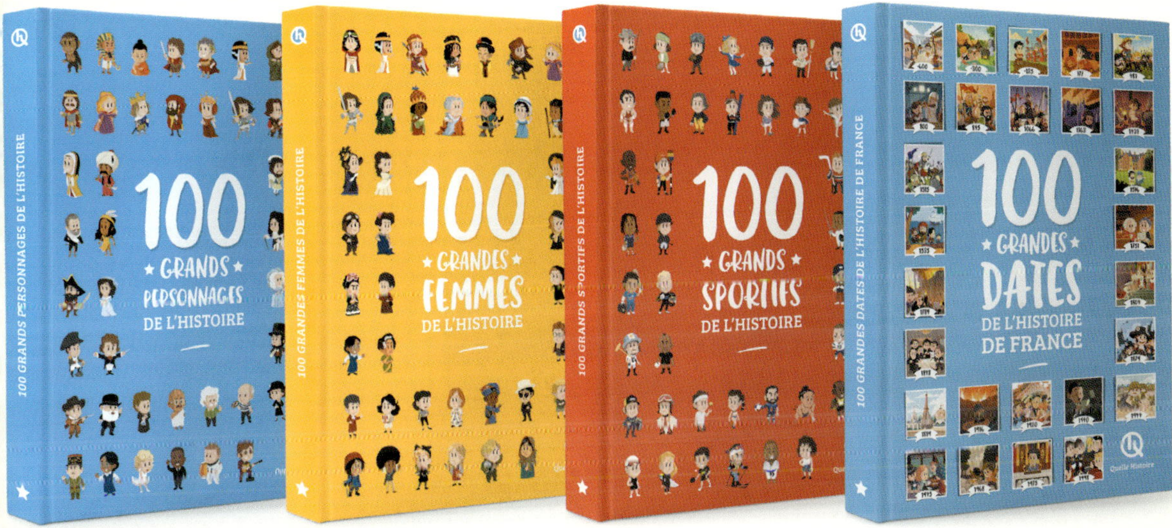